Armin Täubner

Fensterbilder
zur Frühlingszeit

Frech-Verlag Stuttgart

Materialangaben und Arbeitshinweise in diesem Buch wurden vom Autor und den Mitarbeitern des Verlags sorgfältig geprüft. Eine Garantie wird jedoch nicht übernommen. Autor und Verlag können für eventuell auftretende Fehler oder Schäden nicht haftbar gemacht werden. Für eine Verbreitung des Werkes durch Film Funk und Fernsehen, Fotokopien oder Videoaufzeichnungen, sowie für eine gewerbliche Nutzung der gezeigten Modelle, ist eine Genehmigung oder Lizenz des Verlags erforderlich. Das Werk ist urheberrechtlich geschützt nach § 54 Abs. 1 und 2 UrhG.

Auflage: 5. 4.
Jahr: 1995 94 93 92

Letzte Zahlen maßgebend

© 1991

frech-verlag

ISBN 3-7724-1413-3 · Best.-Nr. 1413   GmbH + Co. Druck KG Stuttgart · Druck: Frech, Stuttgart 31

Fensterbilder sind äußerst beliebt, ganz gleich, ob als Dekoration des Kinderzimmers oder in anderen Wohnbereichen. Diese Art Fenster zu schmücken, ist keineswegs eine deutsche Erfindung. Das Ursprungsland der Fensterbilder ist Dänemark. Dort wurde zuerst damit begonnen, Dekorationen der Innenräume nach außen hin sichtbar zu machen.

Die skandinavischen Fensterbilder zeichnen sich durch eine gewisse Vornehmheit aus, die sich in den sparsam verwendeten Farben ausdrückt – vorherrschend ist Weiß. Zudem sind diese Arbeiten sehr filigran, und sind deshalb häufig kaum von Hand nachzuarbeiten, sie müssen maschinell ausgestanzt werden.

Die hier vorgestellten Modelle orientieren sich an den Ursprüngen der Fensterbilder. Um den typisch skandinavischen Eindruck zu erreichen, ist eine sehr sorgfältige Ausführung notwendig. Einige Motive sind eher für das Kinderzimmer gedacht und farbenfroh, andere sind vorwiegend in Weiß mit reizvollen Farbkombinationen gestaltet.

Das Übertragen des Motivs

1. Auf die Motivvorlage Transparentpapier legen und mit Klebefilm fixieren. Mit Bleistift (HB), Lineal und Zirkel die Konturen nachzeichnen. Auf den entsprechend zugeschnittenen Tonkarton die Transparentvorlage legen und fixieren, damit sie beim Übertragen der Konturen nicht verrutscht. Das Motiv mit Kugelschreiber nachzeichnen. Es drückt sich dadurch in die Kartonoberfläche gut sichtbar ein.
2. Anstelle von Transparentpapier wird Butterbrotpapier verwendet. Ist das Motiv übertragen, wird Kohlepapier (mit der Schichtseite nach unten) auf den Tonkarton gelegt und darauf das Butterbrotpapier. Das Motiv wird mit Kugelschreiber nachgezeichnet. Man muß dabei sehr konzentriert arbeiten, denn Korrekturen bleiben als Kohlepapierabdruck später auf dem Karton zurück und lassen sich kaum spurlos entfernen.

Herstellen von Schablonen

Bei manchen Fensterbildern müssen Einzelformen (Vögel, Schmetterlinge, Personen) separat ausgeschnitten und aufgeklebt werden. In diesem Falle sind Schablonen notwendig. Dazu wird Transparentpapier auf die Motivvorlage gelegt und der Umriß (beispielsweise vom Schmetterling) mit Bleistift nachgefahren. Die Transparentzeichnung wird auf einen Kartonrest geklebt und exakt ausgeschnitten. Mit dieser Schablone kann dann der Umriß auf den Tonkarton übertragen werden.

Nach oben gewölbte Kartonränder

Sie entstehen, wenn Kartonformen mit dem Messer ausgeschnitten werden. Mit dem Fingernagel an den Kanten entlangfahren, und die gewölbten Schnittränder lassen sich problemlos glätten.

Das Ausschneiden

Der überwiegende Teil der Schneidarbeiten wird mit dem Cutter oder Bastelmesser ausgeführt. Diese Messer haben verschiebbare Klingen. Ist die Spitze der Klinge, mit der ausschließlich geschnitten wird, stumpf, wird sie einfach abgebrochen und die Klinge nachgeschoben. Mit dieser Klinge können exakte Schnitte an den für Scheren schwer bzw. gar nicht zugänglichen Stellen ausgeführt werden. Das Messer halten Sie beim Schneiden wie einen Füllfederhalter oder einen Kugelschreiber. Vorher müssen Sie allerdings unter den Tonkarton eine Schneidunterlage aus Holz oder Karton legen. Ist die Unterlage durch viele Schnitte zerfurcht, sollte sie ausgewechselt werden, weil sonst die Klinge beim Schneiden evtl. abgelenkt wird. Die Umrisse der Fensterbilder werden meist mit der Schere ausgeschnitten. Manche Rundungen im Innenbereich lassen sich mit einer Nagelschere sauber nachschneiden.

Aufhängelöcher

Mit einer Vorstechnadel oder einem Körner aus dem Werkzeugkasten werden die Aufhängelöcher 3 bis 5 mm vom Rand entfernt in den Tonkarton gestochen. Vergessen Sie nicht, vorher unter das Fensterbild eine Unterlage aus Karton oder Holz zu legen.

Eine kleine Pause

Rahmen: Mit dem Freilegen der Ast- und Zweigzwischenräume beginnen. Dann den Zaun und den Torbogen freilegen. Den Umriß des Rahmens mit Messer und Schere nachschneiden. Sonne und Wolken befestigen.

Hasenmädchen: Auf den weißen Körper das rosa Kleid und darauf den zweiten Arm kleben.

Hasenjunge: Zuerst die Hose und dann das Hemd auf den weißen Rumpf kleben. Nun den Arm anbringen.

Osterei: Auf das gelbe Ei den Ostergruß schreiben. Dieses Ei auf weißen Karton kleben. Nun die Eiform so ausschneiden, daß um das gelbe Ei ein schmaler, weißer Rand bleibt. Evtl. eine zweite, gelbe, beschriftete Eiform auf die Rückseite kleben. Das Ei im Torbogen aufhängen.

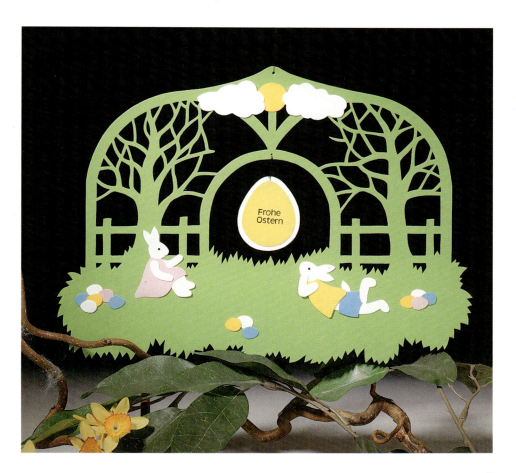

Komm, wir suchen Ostereier

Rahmen: Von einer Seite aus nach und nach die Zwischenräume mit dem Messer herausschneiden. Den äußeren Rand mit Messer und Schere nachschneiden.

Hasenjunge: Den weißen Rumpf beidseitig mit dem hellblauen Anzug bekleben.

Hasenmädchen: Den Körper (durchgezogene Linie) beidseitig mit dem Kleid und dann mit den Ärmeln (punktierte Linie) bekleben.

Einladung zur Rast

Rahmen (weißer Karton): Zuerst die kleinen, überwiegend quadratischen Flächen des Rahmens freilegen. Anschließend die Fläche zwischen Himmel, Wolke und Hügelkette (durchgezogene Linie) herausschneiden.

Landschaft (grüner Karton): Aus grünem Karton zuerst die kleinen und anschließend die großen Innenflächen herausschneiden (gestrichelte Linien).

Nun die äußere Kontur am besten mit einem Messer und einem Stahllineal nachschneiden.

Bank: Mit dem Messer die Zwischenräume der Lehne herausarbeiten und den Umriß nachschneiden.

Blumen: Mit der Schere kleine, unregelmäßige, weiße Kartonpunkte ausschneiden und in der Blütenmitte mit einem gelben Filzstiftpunkt versehen. Beim Aufkleben der Blüten ist eine Pinzette sehr hilfreich.

Träume im Tulpenbeet

Rahmen: Mit Zirkel, Lineal und Bleistift den Rahmen auf weißen Karton übertragen. Zuerst die Verzierungen des Rahmens freilegen, dann die Innenfläche herausschneiden. Mit der Schere schließlich die äußere Kontur nachschneiden.

Tulpen: Das Blattgrün und die Blüten jeweils doppelt ausschneiden. Die einzelnen Blütenblätter durch Einschnitte andeuten. Beidseitig paßgenau Blattgrün und Blüten aufeinanderkleben.

Hase: Am braunen Körper zuerst die Hose, dann das Hemd und den Arm ankleben. Mit schwarzem Filzstift das geschlossene Auge aufzeichnen. Unter den Kopf das blaue Kissen kleben. Den Hasen zwischen den Tulpen befestigen. Denselben Hasen auch auf der Rückseite anbringen.

Häuschen im Grünen

Rahmen: Aus dem weißen Karton zuerst die halbmondförmige Fläche zwischen Hügelkette und Himmel (durchgezogene Linie) herausschneiden. Beim Freilegen des Streifenmusters mit den kleinsten Flächen beginnen. Bevor die beiden langen Flächen am linken und rechten Bildrand herausgeschnitten werden, zuerst den äußeren Rand des Rahmens mit der Schere nachschneiden.

Grünfläche: Die Fläche ist durch die punktierte Linie begrenzt. Die Grünfläche auf das weiße Rahmenteil kleben.

Zaun: Aus weißem Karton die Zwischenräume des Zaunes, dann den Torbogen herausschneiden. Das Zaunteil auf die Grünfläche kleben.

Kleinteile: Die hellblauen Wolken und die Sonne anbringen. Auf der Grünfläche die Häuser ankleben. Zwei Grünpflanzen und bunte Eier anordnen.

Gibt es Neuigkeiten?

Rahmen: Mit dem Freilegen der senkrechten Streifen beginnen. Die beiden äußeren, durchgehenden Streifen erst herausschneiden, nachdem die Innenfläche des Herzens entfernt und der äußere Rand des Rahmens nachgeschnitten wurde.

Grünteil: Doppelt ausschneiden und paßgenau auf Vorder- und Rückseite des Rahmens kleben.

Vögel: Ebenfalls doppelt ausschneiden. Schnäbel und Augen mit Filzstift an- bzw. aufmalen.

Schwäne

Rahmen: Aus dem weißen Rahmen zunächst die schmalen Kartonstreifen herausschneiden. Nun die halbmondförmige Fläche (durchgezogene Linie) in der Rahmenmitte freilegen.

Wasserfläche: Die Wasserfläche (gestrichelte Linie) auf den Rahmen kleben.

Schwäne: Nach dem Ausschneiden die Schnäbel einfärben und die Augen aufmalen. Die Schwäne auf der Wasserfläche fixieren und davor die Teichrosenblätter und -blüten anordnen. Beim Plazieren der kleinen Teile ist eine Pinzette eine große Hilfe.

Siehe auch Vorlagenbogen

Eines muß noch schlüpfen

Rahmen: Zuerst das Streifenmuster zwischen den beiden Ringen freilegen. Anschließend im mittleren Feld, unten beginnend, die längeren Streifen herausarbeiten. Nun wird die darüberliegende halbkreisförmige Kartonscheibe entfernt.

Eier: Die Eiform insgesamt viermal ausschneiden. Zwei Eier paßgenau aufeinanderlegen und mit dem Messer im Zickzackschnitt in zwei Hälften zerteilen.

Entchen: Die Entchen samt Flügel werden ebenfalls viermal benötigt. Bei zwei Entchen einseitig jeweils einen Schnabel und einen Flügel ankleben sowie das Auge aufmalen.
Beide Entchen auf den Rahmen kleben. Davor ein ganzes Ei sowie zwei Eierschalen anordnen. Die Rückseite des Fensterbildes ebenso gestalten.

Warte auf mich!

Rahmen: Aus dem Rahmen mit dem Messer die kleinen Rechtecke und die abgerundeten Eckstücke herausschneiden. Aus der quadratischen Rahmenmitte eine Hälfte (durchgezogene Linie) herausschneiden.

Wasserfläche: Die untere, weiße Hälfte der Rahmenmitte wird beidseitig mit der hellblauen Wasserfläche (gestrichelte Linie) beklebt.

Enten: Die Entenschnäbel mit Filzstift gelb einfärben und die schwarzen Augen aufmalen.
Wasserpflanzen und Enten auf Vorder- und Rückseite des Fensterbildes anordnen.

Endlich frisches Gras

Kaninchenstall: Aus dem gelben Karton zuerst mit dem Messer die Gitterstäbe herausschneiden, dann die äußere Kontur nachschneiden. Das Dach mit weißem Karton hinterkleben (gestrichelte Linie).

Grünflächen: Die kleine Grünfläche (punktierte Linie) von vorne am Stallboden fixieren, während die große Grünfläche (gestrichelte Linie) von hinten am Stall angeklebt wird. An beiden Stallseiten Tulpenblätter und -blüten anordnen.

Kaninchen: Beide Kaninchen doppelt ausschneiden und paßgenau auf Vorder- und Rückseite aufeinander kleben.

Siehe auch Vorlagenbogen

Ein Ostergeschenk

Rahmen: Die schmalen Kartonstreifen mit dem Messer herausschneiden. Mit dem kürzesten beginnen. Dann wird die halbkreisförmige Öffnung oberhalb der Streifen herausgeschnitten. Schließlich den äußeren Rand mit der Schere nachschneiden.

Hasen und Korb: Beides doppelt ausschneiden. Die Schleife und die beiden Eier werden ebenfalls doppelt benötigt. Hasen und Korb symmetrisch auf der gestreiften Unterlage anordnen und fixieren. Das Fensterbild umdrehen und die Rückseite ebenso gestalten.

Siehe auch Vorlagenbogen

Laß' uns spielen!

Landschaft: Die Astzwischenräume und die Fläche zwischen beiden Bäumen herausarbeiten. Die Kontur an den Baumkronen mit Schere, am Rasen mit Messer nachschneiden.

Lämmer: Beide Lämmer doppelt ausschneiden und das stehende Lamm deckungsgleich auf Vorder- und Rückseite fixieren.

Kleinteile: Beim Aufkleben der kleinen Teile eine Pinzette verwenden.

Blumenkorb

Korb: Die Fläche zwischen Bügel und Korb herausschneiden, dann die äußere Kontur nachschneiden.

Blattgrün und Blüten: Beides wird doppelt benötigt und teilweise paßgenau auf Vorder- und Rückseite des Korbes fixiert.

Schmetterling: Die Flügelpunkte mit der Lochzange ausstanzen.

Soeben geschlüpft

Rahmen: Mit dem Freilegen der waagrechten Streifen beginnen. Dabei von unten nach oben arbeiten. Anschließend wird die halbkreisförmige Fläche oberhalb der Streifen herausgeschnitten.

Narzissen: Das Narzissengrün ebenso wie die zweiteiligen Blüten jeweils doppelt ausschneiden und deckungsgleich auf Vorder- und Rückseite des Rahmens anordnen und fixieren.

Ei: Das Ei ebenfalls doppelt ausschneiden, aufeinanderlegen und im Zickzackschnitt halbieren.

Küken: Beide Küken doppelt ausschneiden. Beim bereits geschlüpften Küken den Flügel einschneiden. Küken und Eierschalen am Fensterbild fixieren. Schnäbel einfärben und Augen aufmalen. Fensterbild umdrehen und paßgenau die zweite Hälfte der Küken und Eierschalen anbringen.

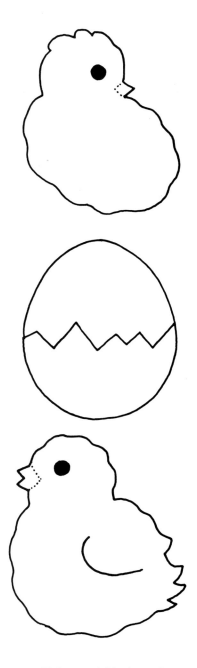

Siehe auch Vorlagenbogen

Frühlingssymbole

Rahmen: Das netzartige Geflecht im unteren Rahmenbereich mit dem Messer herausarbeiten. Nun die darüberliegende Innenfläche entfernen. Zum Schluß den äußeren Rand mit der Schere nachschneiden.

Zweige und Küken: Beides wird für Vorder- und Rückseite benötigt. Die Blattzeichnung jeweils durch einen leicht gebogenen Messerschnitt vom Blattstiel zur Blattspitze andeuten. Ebenfalls mit einem Schnitt werden die Kükenflügel angedeutet. Schnäbel und Augen mit Filzstift einfärben bzw. aufmalen. Zweige und Küken anbringen.

Schleife: Sie wird doppelt benötigt und beidseitig an der Rahmenspitze befestigt.

Siehe auch Vorlagenbogen

Vogelgezwitscher

Rahmen: An einer Seite beginnend, Fläche für Fläche mit dem Messer freilegen. Die Blattzeichnung jeweils durch einen Schnitt vom Blattstiel zur -spitze hin andeuten. Den Vogel zweimal ausschneiden.

Vögel: Beidseitig die schwarzen Augen aufmalen und die Schnäbel rot einfärben.

Blüten: Eine Schablone herstellen. Jeweils zwei Blüten gleichzeitig ausschneiden. Das Blüteninnere mit der Lochzange ausstanzen. Beim späteren Aufkleben der Blüten darauf achten, daß durch die ausgestanzte Blütenmitte das Grün des Rahmens sichtbar ist.

Ein kleines Tänzchen

Rahmen: Mit dem Herausschneiden der kleinen Flächen beginnen. Anschließend die große Fläche in der Rahmenmitte entfernen.

Grünfläche: Doppelt ausschneiden und beidseitig am Rahmen fixieren.

Hasenmädchen: Am weißen Körper beidseitig das rosa Kleid fixieren.

Hasenjunge: Zuerst die Hose dann die Jacke beidseitig am Rumpf ankleben. Beide Hasen sowie die bunten Eier auf der Grünfläche plazieren und befestigen.

Frühling ist es wieder

Rahmen: Zuerst die kleineren Flächen dann die große zentrale Fläche herausschneiden. Die äußere Kontur mit der Schere nachschneiden.

Grasbüschel und Vögel doppelt ausschneiden. Sie werden paßgenau auf Vorder- und Rückseite geklebt. Den Zaun, die Eier, den Hasen, die Sonne und die Wolken von beiden Seiten ankleben.

Siehe auch Vorlagenbogen

Hallo, auch schon da?

Rahmen: Mit dem Freilegen des Streifenmusters im unteren Rahmendrittel beginnen. Anschließend die Flächen zwischen Blättern und Rand herausschneiden.

Küken: Das Küken viermal ausschneiden. Jeweils zwei ausgeschnittene Küken aufeinanderlegen, das Auge mit der Lochzange ausstanzen und den Flügel mit dem Messer einschneiden. Evtl. noch die Umrisse korrigieren. Jeweils zwei Küken paßgenau auf Vorder- und Rückseite anbringen.

Ei: Das Ei als Ganzes doppelt ausschneiden. Beide Eier aufeinanderlegen und im Zickzackschnitt mit dem Messer in zwei Hälften schneiden. Die Eihälften beidseitig im unteren Rahmenbereich fixieren.

Blüten: Die offenen Blüten bestehen aus zwei Teilen, die Knospe nur aus einem Teil. Alle Blüten werden für Vorder- und Rückseite benötigt.

Siehe auch Vorlagenbogen

Der erste Ausflug

Rahmen: Zuerst die kleinen Flächen herausschneiden. Die äußere Kontur mit der Schere nachschneiden.

Schleife und Ente: Die Umrisse auf gelben Karton übertragen, grob ausschneiden, ein zweites gelbes Kartonstück derselben Größe darunterlegen und mit dem Klammerhefter an zwei Stellen fixieren. Nun die Umrisse mit dem Messer bzw. der Schere nachschneiden. Die Schleifenösen mit dem Messer herausschneiden und die Entenaugen mit der Lochzange ausstanzen. Schleife und Enten paßgenau auf Vorder- und Rückseite des Rahmens ankleben.

Tulpenblüten: Die Blüten werden ebenfalls beidseitig benötigt. Bei den größeren Blüten mit dem Messer jeweils noch einen bogenförmigen Schnitt vornehmen, um die Abgrenzung der Blütenblätter anzudeuten.

Kleine Maus

Rahmen: Mit der Herausarbeitung des Netzmusters beginnen. Im oberen Bereich zuerst die kleineren Flächen herausschneiden.

Blüten: Die Blüten jeweils doppelt ausschneiden. Durch Schnitte mit dem Messer die Blütenblätter andeuten. Alle Blüten paßgenau auf Vorder- und Rückseite kleben.

Maus: Zuerst den Raum zwischen Mäusekörper und -schwanz herausschneiden, dann die äußere Kontur bearbeiten. Die Augen mit schwarzem Filzstift aufmalen.

Ostern im Schnee

Rahmen: Innenfläche mit Messer herausschneiden, dann Kontur mit Schere nachschneiden.

Junge: Körper, Gesicht und Hand doppelt ausschneiden. Den blauen Körper beidseitig am Rahmen fixieren. Das Gesicht ankleben. Die Möhre zwischen beide Hände kleben.

Kaninchen und Eierkorb: Doppelt ausschneiden und beidseitig aufkleben.

Im Hühnerstall

Rahmen: Das Gittermuster am Rahmenboden herausschneiden.

Hühner: Die Flügel und den Federnkranz am Hals sowie die Schwanzfedern einschneiden. Kamm, Schnabel und Kehllappen jeweils doppelt ausschneiden und beidseitig am Kopf ankleben. Augen mit Filzstift aufmalen. Abschließend am Rahmenboden noch rote und weiße Eier anordnen.

Schneeglöckchen

Rahmen: Zuerst die kleinen Flächen herausschneiden. In der Blattmitte jeweils einen, dem Blattverlauf entsprechenden Schnitt mit dem Messer ausführen.

Blüten: Alle Blüten doppelt ausschneiden. Zur Andeutung der Blütenblätter Einschnitte mit dem Messer vornehmen.

Originalgröße

Frühsport

Aus der rosa Eiform (gestrichelte Linie) mit dem Messer die Fensteröffnungen herausschneiden. Alle anderen Teile doppelt ausschneiden und paßgenau auf Vorder- und Rückseite des Eies kleben.

Hahn und Henne

Die Innenflächen herausschneiden, dabei mit den kleinen Flächen beginnen. Nun die Flügel einschneiden. Das Kopfteil (Strich-Punkt-Linie) bei Hahn und Henne jeweils doppelt ausschneiden und paßgenau auf Vorder- und Rückseite ankleben. Kamm, Schnabel und Kehllappen (punktierte Linien) werden ebenfalls doppelt benötigt und beidseitig am Kopf fixiert. Die Augen mit schwarzem Filzstift aufmalen. Abschließend noch zwischen Hahn und Henne die roten Eier plazieren.

Hasenhaus

Beim Fachwerk die quadratische Mittelfläche erst zum Schluß herausschneiden. Mit den kleineren Feldern beginnen. Nun wird der Umriß des Hauses mit Messer und Schere nachgeschnitten. Den ausgeschnittenen Hasen am Fenster fixieren. Von hinten wird die Grünfläche an der Hausunterseite angeklebt. Vögel, Körbe und Eier sowohl auf der Vorder- als auch auf der Rückseite anbringen.

Siehe auch Vorlagenbogen

Osterhase bei der Arbeit

Rahmen: Mit Zirkel und Lineal die Ringe und das Streifenmuster auf grünen Karton übertragen. Zuerst das Streifenmuster mit dem Messer herausarbeiten. Nun die Innenfläche entfernen.

Hase: Am Hasenkörper beidseitig die Hose und die Jacke ankleben. Den zweiteiligen Pinsel an der Pfote fixieren. Den Hasen auf einen Farbtopf setzen und das große Ei vor den Pinsel kleben. Die Tulpenblüten sowohl auf der Vorder- als auch auf der Rückseite ankleben.

Familie Schnatter

Die Wellen und die Fläche zwischen Wasser, Entenmutter und Rahmen herausschneiden. Anschließend die äußere Kontur des Rahmens mit der Schere nachschneiden. Das Auge der weißen Ente mit der Lochzange ausstanzen und den gelben Schnabel beidseitig aufkleben. Die Entenküken jeweils doppelt ausschneiden und die Augen ausstanzen. Weil der weiße Karton stark lichtdurchlässig ist, sollten die Entenküken auf Vorder- und Rückseite möglichst genau aufeinandergeklebt werden.

Blütenkorb

Zuerst das Korbgeflecht und dann die Flächen zwischen Bügel und Tulpenblättern herausarbeiten. Bei den Tulpenblüten die Blütenblätter durch leicht gebogene Messerschnitte andeuten. Beim Ausschneiden der Blüten können jeweils zwei, evtl. sogar drei Blüten gleichzeitig ausgeschnitten werden. Die Schmetterlinge zunächst nur grob ausschneiden. Mit der Lochzange die Flügelpunkte ausstanzen und mit dem Messer den Rumpf und die Flügelzeichnung einschneiden. Daraufhin können die Schmetterlinge exakt ausgeschnitten werden. Die Blüten und Schmetterlinge möglichst deckungsgleich auf der Vorder- und der Rückseite befestigen.

Siehe auch Vorlagenbogen

Ein kleines Rendezvous

Rahmen: Die senkrechten Streben und die beiden Bögen an der Lehne der Bank mit dem Messer herausarbeiten. Die kleine Fläche unter der Bank und anschließend die größere Fläche über der Bank herausschneiden (durchgezogene Linien).

Hasen: Sämtliche Teile doppelt ausschneiden. Beim Hasenmädchen das Kleid (Strich-Punkt-Linie), beim Hasenjungen Hose (Strich-Punkt-Linie) und Jacke (punktierte Linie) ankleben. Beide Hasen einander zugewandt auf der Bank plazieren. Nun das Fensterbild umdrehen und die Rückseite ebenso gestalten. Die geschlossenen Augen mit schwarzem Filzstift aufmalen.

Siehe auch Vorlagenbogen